Andrea Schwarz

Um Antwort wird gebeten

ANDREA SCHWARZ

Um Antwort wird gebeten

52 Einladungen ins Leben

Patmos Verlag

VERLAGSGRUPPE PATMOS

PATMOS
ESCHBACH
GRÜNEWALD
THORBECKE
SCHWABEN

Die Verlagsgruppe
mit Sinn für das Leben

Umschlaggestaltung: Finken & Bumiller, Stuttgart
Umschlagabbildung: LP12INCH / photocase.de.
Innenabbildungen: © Julia Feist, Hannover. Bearbeitung der
Innenabbildungen: Schwabenverlag AG, Ostfildern
Foto der Autorin: © Ulrike Diekmann
Satz: Schwabenverlag AG, Ostfildern
Druck: Beltz Bad Langensalza GmbH, Bad Langensalza
Hergestellt in Deutschland
ISBN 978-3-8436-0798-8 (Print)
ISBN 978-3-8436-0799-5 (eBook)

Vorneweg ...

Lieber Leser, liebe Leserin,

manchmal kann man es kleingedruckt unten auf offiziellen Einladungskarten lesen: U. A. w. g. – Um Antwort wird gebeten. Und gemeint ist damit, dass man doch bitte mitteilen möge, ob man die Einladung annehmen möchte oder nicht. Manchmal steht auch ein Termin dabei – verständlich, der Gastgeber muss ja auch irgendwann wissen, mit wie viel Gästen er rechnen muss, um das Fest gut vorbereiten zu können.

Zugegeben – allzu oft bekomme ich solche Karten nicht ... bei meinen Freunden geht es nicht ganz so förmlich zu. Und ich bin, glaube ich, sogar ganz froh darüber. Offizielle Empfänge dieser Art können manchmal auch ein wenig anstrengend sein.

Aber ganz egal, ob wir solche Karten bekommen oder nicht, ob wir zu solchen Feierlichkeiten gerne hingehen oder es eher als Pflicht empfinden – für uns alle gilt: Um Antwort wird gebeten. Denn wir sind eingeladen zum Leben. Und es ist Gott höchstpersönlich, der uns zu diesem Fest des Lebens einlädt. Er hat es uns geschenkt, er ist in »Vorlage« getreten, er ist der große Gastgeber.

Mit dieser Einladung ist aber auch immer die Frage verbunden, was wir daraus machen. Ich kann mein Leben als selbstverständlich ansehen oder sogar fast als ein Recht einfordern – und dabei vergessen, dass es immer ein Geschenk ist. Ich kann mein Leben regelrecht »verschleudern« und es nicht wertschätzen. Ich kann es aber auch bewusst leben und erleben, gestalten und dankbar sein für jeden neuen Tag. Ich kann versuchen, meinen Weg zu gehen, so gut wie ich es eben kann, und meiner Zeit hier einen Sinn und eine Bedeutung zu geben.

Um *meine* Antwort wird gebeten – und das ist eine Antwort, die im Alltag gelebt sein will. Dafür muss ich keine neuen Kontinente entdecken, ich muss nicht Olympiasieger werden und nicht den Schönheitspreis gewinnen. Die Antwort, die Gott möchte, ist, dass ich »ich« bin und immer mehr »ich« werde. Deshalb will er auch *meine* Antwort – und nicht die Antwort, die andere geben.

Antworten aber wollen nicht nur gesagt, sondern gelebt und »getan« sein – hören und spielen, aufbrechen und genießen, klagen und danken. Und auch »leben« und »glauben« sind eigentlich keine »Sachen« oder »Dinge«, die man als Hauptwörter großschreiben müsste, sondern Verben – oder wie ich es noch gelernt habe, »Tu-Wörter« –, die kleingeschrieben werden, weil sie getan werden wollen.

52 solcher »Tu-Wörter« wollen Sie durch die 52 Wochen des Jahres begleiten – vielleicht können sie dabei helfen, dass Sie Ihre ganz eigene Antwort auf die Einladung Gottes finden. Oder Sie dazu anstiften, ganz neue »Tu-Wörter« für sich zu suchen ...

Jedenfalls – um Antwort wird gebeten. Und ich glaube, da gibt es jemanden, der sich sehr freuen würde, wenn Sie seine Einladung annehmen.

Übrigens: Bei dieser Einladung steht kein Termin dabei, bis wann man antworten muss. Aber wenn es ums »leben« geht, dann könnte man eigentlich auch gleich zusagen.

Andra Schwarz

Einladung

da lädt mich einer ein
zu lachen und zu weinen
zu klagen und zu träumen
zu lauschen und zu staunen
zu danken und zu wandeln

leben hier und jetzt
es ist meine Entscheidung

aber
um Antwort
wird gebeten

Inhalt

8

Januar

anfangen

Es gibt eine »Kunst des Anfangens«. Dazu gehört es, zurückzuschauen und das Alte und Gewesene zu verabschieden, es loszulassen. Manchmal kann man das voll Dankbarkeit tun, dann wieder spürt man, dass es noch Zeit braucht. Auch beim »anfangen« kommt es auf den richtigen Zeitpunkt an – und das muss nicht unbedingt das Datum auf dem Kalenderblatt sein.

Offen werden für das Neue kann ich dann, wenn ich die Vergangenheit nicht festhalte. Das heißt nicht, dass ich vergessen soll, was war – aber es bedeutet, ihm seinen Platz zu geben. Solange die Vergangenheit mich »besitzt«, »besetzt hält«, wird das Neue keine Chance haben. Zu jedem Anfang gehört ein Abschied dazu.

Wer das nicht durchlebt, wird nicht gut anfangen können. Der setzt dann das Neue auf das Alte, trauert dem nach, was war – und traut dem nicht, was kommt.

Im Kassenbuch macht man am Ende des Jahres einen Strich unter die Geschäftsvorgänge des vergangenen Jahres und fängt ein neues Buch an. Das gilt auch für das Leben. Manchmal muss man einen Strich unter etwas machen, um neu anfangen zu können.

Und wir können immer wieder neu anfangen, weil Gott mitgeht.

loslassen

Wer neu anfangen will, muss loslassen lernen. Manchmal muss man sich von einem Traum, einer Idee verabschieden. Oder von liebgewordenen Traditionen und Gewohnheiten, weil sie nicht mehr passen. Etwas, was mich früher gehalten hat, trägt plötzlich nicht mehr. Und immer wieder muss ich auch Menschen loslassen, weil sie mir in den Tod vorausgegangen sind, hinter mir zurückgeblieben sind oder ganz einfach andere Wege gehen. Manches kann ich gut loslassen, anderes fällt schwer und tut weh.

Loslassen kann aber auch befreien. Wenn ich immer nur alles festhalten will, dann werde ich davon auch »festgehalten«. Dann sind meine Hände und mein Herz voll und nicht offen für das Neue. Und ich werde die Zukunft nicht wagen, weil ich mit dem beschäftigt bin, was war.

Jack Kornfield, ein amerikanischer Buddhist, sagt es so: »*Die Dinge loszulassen bedeutet nicht, sie loszuwerden. Sie loslassen bedeutet, dass man sie sein lässt.*« Wenn ich weitergehen will, muss ich manches auch sein lassen.

Wenn jemand Christ wird und sich taufen lässt, wird er gefragt, ob er dem Bösen widersagen will. Das meint genau das: Manches zu lassen, damit ich frei werde für anderes. Oder wie es in den alten Worten heißt: Widersagen, um neu glauben zu können.

entscheiden

Um »anfangen« und »loslassen« zu können, muss ich mich »entscheiden«. Wer sich nicht entscheidet, für den wird entschieden werden. Dann werden mir andere sagen, was sie von mir erwarten, dann werden mir andere die Entscheidungen abnehmen. Und dann kann es schnell passieren, dass ich gelebt werde, aber nicht mehr selbst lebe. Sich zu entscheiden, das fällt manchmal schwer. Denn wenn ich mich für etwas entscheide, entscheide ich mich zugleich gegen etwas. Aber wenn ich weiterkommen will, muss ich eine Entscheidung treffen. Wir kennen das von Wegkreuzungen. Wer sich da nicht für einen Weg – und damit gegen drei andere – entscheidet, wird Wurzeln schlagen.

Christ sein heißt, sich für das Leben zu entscheiden. »*Leben und Tod lege ich dir vor – du aber wähle das Leben!*«, so heißt es im Alten Testament (Deuteronomium 30,19). Doch: Wie geht das, und was heißt das?

Eine alte, weise gewordene Ordensfrau sagte mir einmal: »*Wenn du nicht weißt, wie du dich entscheiden sollst, dann wähle das, was dich lebendiger macht!*« – Lebendiger! Nicht einfacher, preiswerter, glücklicher ... – lebendiger!

Aber die Entscheidung kann nur jeder ganz für sich allein treffen.

aufbrechen

Wer aufbricht, der hat eine Entscheidung getroffen. Der geht los. Der verlässt etwas und nimmt etwas Neues in den Blick.

Manchmal wird man zum Aufbruch gezwungen. Man spürt, irgendwas passt und stimmt nicht mehr. Was vor Kurzem noch getragen hat, trägt nicht mehr. Man muss sich neu orientieren, das Vertraute verlassen. Und das kann auch wehtun.

Dann wieder hat man selbst Lust zum Aufbruch, ist neugierig auf das Neue und Andere, lässt das Alte gerne hinter sich.

Jeder Aufbruch bricht auch auf. Da tut sich was, da verändert sich was – in mir. Kein Aufbruch ist kostenlos zu haben. Wichtig könnte die Frage sein: Wozu breche ich auf – und wohin? Mein »Wozu?« finde ich in einem Satz von *Pablo Neruda,* einem chilenischen Dichter: *Ich bekenne, ich habe gelebt!*

Diesen Satz möchte ich gerne eines Tages über mein Leben sagen können. Ich habe den Aufbruch gewagt, habe Neues riskiert, hatte Mut zum Anderssein! Ich habe gelebt!

Ich jedenfalls finde das spannender als: Ich habe am Samstag den Bürgersteig gefegt, habe alle Rechnungen pünktlich bezahlt, habe versucht, es immer allen recht zu machen.

Aber wie gesagt: Es ist Ihre Entscheidung!

sitzen bleiben

Nein, man muss nicht immer nur aufbrechen, man kann durchaus auch mal sitzen bleiben. Das Wort hat bei uns einen eher negativen Beigeschmack und erinnert an Schule und »Klassenziel verfehlt«. Aber man kann es auch positiv verstehen. Ich habe meinen Ort, meine Aufgabe gefunden. Hier bin ich – und hier bleib ich. Und warum sollte ich denn aufbrechen, wenn es mir hier gut geht?

Man kann das eine nicht gegen das andere ausspielen. Keines ist besser oder schlechter. Jedes hat seine Zeit. Mal ist »aufbrechen« angesagt, dann wieder »sitzen bleiben«. Manchmal muss man für etwas aufstehen und einstehen, dann wieder sich mit etwas arrangieren.

Ein alter biblischer Text bringt diese Lebensweisheit in Worte: »*Alles hat seine Stunde. Für jedes Geschehen unter dem Himmel gibt es eine bestimmte Zeit: eine Zeit zum Gebären und eine Zeit zum Sterben, eine Zeit zum Weinen und eine Zeit zum Lachen, eine Zeit für die Klage und eine Zeit für den Tanz*« (Kohelet 3).

Problematisch wird es, wenn einer immer nur aufbricht und nirgendwo mehr bleibt – oder wenn jemand nur noch bleibt, aber nie mehr aufbricht. Lebendigkeit – das ist das eine und das andere. Jedes zu seiner Zeit.

Februar

planen

Menschen neigen dazu, ihr Leben zu planen. Und das gilt nicht nur für die großen Lebensfragen, sondern auch für den ganz normalen Alltag – ich jedenfalls mache mir oft am Abend einen Plan für den kommenden Tag. Mir gibt das Sicherheit, wichtige Dinge nicht zu vergessen.

Manchmal aber werden alle Pläne durchkreuzt. Und das kann einem mit den großen Lebensplänen geschehen – da wird jemand krank oder der Betrieb geht bankrott –, aber auch mit den kleinen Plänen des Alltags. Der Zug fährt nicht, plötzlich steht unerwartet Besuch vor der Tür, die Erzieherinnen in der Kita streiken. Alle Pläne sind über den Haufen geworfen.

Deshalb mag ich folgende Geschichte: *Empört beschwerte sich ein Fahrgast der Bahn beim Zugbegleiter: »Wieso habt ihr eigentlich Fahrpläne, wenn sich doch kein Zug daran hält?« Darauf erwiderte er: »Wenn wir keine Fahrpläne hätten, wüssten Sie gar nicht, dass der Zug zu spät ist!«* Pläne sind nicht dazu da, um erfüllt zu werden. Sie wollen nur eine Orientierungshilfe sein.

Und wenn das Leben an die Tür klopft, muss man öffnen – und kann auch nicht sagen: Eigentlich wollte ich heute das Bad putzen.

Leben ist jetzt.

überraschen

Gelegentlich überrascht einen das Leben.

Es klingelt an der Tür – und da steht ein Freund, den man lange nicht gesehen hat. Oder der Postbote drückt einem ein Päckchen in die Hand, auf das man gar nicht gewartet hatte. Und eine der nettesten Überraschungen der letzten Monate war es, als man mir per Mail einen Kirschbaum für meinen Garten ankündigte, Lieferung und Pflanzung inklusive – als Geschenk zu meinem runden Geburtstag.

Überraschungen kommen immer unerwartet. Und das Schönste daran ist eigentlich das Gesicht des anderen ... allein deswegen startet man so manche verrückte Aktion.

Auch Gott ist immer für eine Überraschung gut. Denn er liebt die Menschen, und wenn man jemanden liebt, dann fallen einem besonders schöne Überraschungen ein. Dann begegnen einem zum Beispiel Menschen, mit denen man nie gerechnet hatte – und es beginnt etwas ganz Neues!

Zugegeben, es gibt auch böse Überraschungen – Dinge, die einen unvorbereitet treffen: Die Waschmaschine geht kaputt, der Keller steht plötzlich unter Wasser, eine Operation wird notwendig.

Für all das ist Gott übrigens nicht unbedingt verantwortlich.

Aber er hält es mit uns aus.

brauchen

Ein verregneter Sonntag ... nichts Dringendes ist zu tun, der Kurs in der kommenden Woche ist schon vorbereitet, die Unterlagen eingepackt.

Vor ein paar Tagen war mein Blick auf einige alte Schulhefte gefallen, die im Bücherregal liegen und bisher alle Umzüge »überstanden« haben. Kurzentschlossen hole ich sie jetzt hervor. Neugierig schlage ich eines auf und sehe in ungelenker Blockschrift Wörter, in denen jeweils ein Buchstabe farbig hervorgehoben ist – mein Schreibheft aus der ersten Klasse. Mein Vater hatte es wohl damals aufgehoben. Das nächste Heft: mein Ferientagebuch von unserem Urlaub an der Ostsee, 1968, mit eingeklebten Postkarten, Eintrittskarten, Notizen von jedem Tag. Damals war ich zwölf Jahre alt.

Ich blättere es durch, lese, schmunzle – und entscheide mich, die Hefte jetzt loszulassen und ins Altpapier zu geben. Jahrzehntelang habe ich sie bei jedem Umzug mitgenommen – heute Nachmittag kann ich mich von ihnen trennen. Ich brauche sie nicht mehr.

Und ich komme ins Nachdenken: Was brauche ich von Gott und will es deshalb behalten? Und was brauche ich eventuell nicht mehr und kann mich deshalb davon trennen – so wie von meinem Schulheft aus der ersten Klasse?

spielen

Fastnacht – das ist »spielen«. Man probiert sich aus, schlüpft in Masken, verkleidet sich. Man setzt Regeln außer Kraft, schlägt vielleicht auch über die Stränge, ist »toll« und ver-rückt.

Mit Aschermittwoch fängt eine Zeit des Fastens an, dann wird es ernst, da geht es um was. Und das kann man besser »hinkriegen«, wenn man vorher noch mal richtig gefeiert hat. Der »Kater« am Aschermittwoch ist nicht die schlechteste Voraussetzung für gute Vorsätze für die Fastenzeit. Denn wer immer nur fastet, sich Dinge versagt, nicht genießt, der verhungert auch irgendwie. Andererseits: Wer immer nur »spielt«, Dinge nicht ernst nimmt, keine Verantwortung für sein Leben übernimmt, wird auch keine Linie in seinen Lebensweg hineinbekommen. Der mag lustvoll im Kreis herumlaufen – oder es sich an seinem Platz gemütlich machen.

Es braucht beides – ein Stand- und ein Spielbein. Mit dem Standbein steh ich – mit dem Spielbein probiere ich Neues, anderes.

Thomas von Aquin (1225–1274) sagt es so: »*Das Spiel ist so notwendig für das menschliche Leben wie das Ausruhen.*«

Man könnte es an Fastnacht ja wenigstens mal probieren ...

März

speisen

Wir brauchen nicht noch mehr Wachstum, Gewinn, Rendite. Wir brauchen mehr Barmherzigkeit. Wir brauchen Menschen mit Herz, die sich trauen, selbst zu leben und lebendig zu sein – und andere daran teilhaben zu lassen.

Die klassischen sieben »leiblichen Werke der Barmherzigkeit« wollen dabei Wegweiser sein: speisen, tränken, beherbergen, kleiden, pflegen, besuchen, beerdigen. Und vielleicht können sie uns in der Vorbereitung auf Ostern dabei helfen, unseren Weg zu überdenken und neu zu finden.

Hungrige speisen ... Hunger kann ganz viele Gesichter haben. Da ist der ganz konkrete Hunger auf etwas zu essen, aber auch Hunger nach Anerkennung, danach, gesehen oder gehört zu werden, Hunger danach, einfach dabei zu sein.

Was es dazu braucht? Ein Gespür dafür, wonach der andere hungert – und das muss nicht unbedingt Geld oder Brot sein. Manchmal ist es einfach ein gutes Wort, sind es ein paar Minuten Zeit.

Und: Wenn ich selbst grad am Verhungern bin, kann ich anderen schlecht abgeben. Andere speisen kann ich dann, wenn ich das habe, was ich zum Leben brauche.

Was brauche ich – und was kann ich abgeben? Und was tue ich dafür?

tränken

Jemandem zu trinken geben – ein Werk der Barmherzigkeit. Um jemandem zu trinken geben zu können, muss der andere Durst haben. Wenn jemand keinen Durst hat, dann kann man lange mit der Wasserflasche locken – und es wird doch nichts geschehen.

Das heißt: Wenn der andere nicht will, dass ich etwas für ihn tue, dann kann ich auch nichts tun. Mich entlastet das. Ich muss nicht alle Wüsten grün machen. Und es gibt Menschen, die keinen Durst haben, die ganz zufrieden sind, mit dem, was sie haben und sind.

In einem alten deutschen Sprichwort heißt das so: *Man kann die Hunde nicht zum Jagen tragen.* Und eine spirituelle Weisheit aus der geistlichen Begleitung bringt es auf den Punkt: *Wer sitzen bleiben will, braucht keinen Wegbegleiter.* Und wer keinen Durst hat, braucht kein Glas Wasser.

Barmherzig zu sein heißt nicht, einfach etwas an oder für jemanden zu tun und ihn damit zu entmündigen, sondern es heißt, den anderen mit seinen Bedürfnissen ernst zu nehmen. Es heißt: hinhören und hinschauen, was der andere wirklich braucht. Und das muss nicht unbedingt das sein, was ich für notwendig halte.

beherbergen

Meine Mutter war ein Flüchtling. Sie floh vor Krieg und Gewalt – und ließ alles zurück, was sie hatte: Heimat, das hübsche Sommerkleid, die Fotoalben, das Geschirr, die Bücher.

Als sie wegging, hatte sie ihre beiden Kinder dabei, Klaus, achtzehn Monate alt, und Christiane, sechs Monate. Januar 1945, Ostpreußen. Der einzige Fluchtweg war der über die Ostsee – auf Schiffen, die bombardiert wurden. Auf dem Weg starben beide Kinder. Meine Mutter kam in ein Internierungslager in Dänemark. Erst 1947 fand sie meinen Vater wieder. Es ist grad siebzig Jahre her, dass Deutsche Flüchtlinge waren. An der Friedhofskapelle auf der Insel Juist erinnert eine Tafel an das Schicksal dieser Menschen: *»Sie kamen aus dem Feuer, sie gingen durchs Wasser, sie fanden ein Ufer.«*

Fremde beherbergen – das ist ein uralter, menschlicher Wert im Zusammenleben der Menschen. Das Gastrecht kennt man in allen großen Kulturen, Religionen, in Klöstern und im entlegensten Dorf in Afrika. Und es ist heilig.

»Vergesst die Gastfreundschaft nicht; denn durch sie haben einige, ohne es zu ahnen, Engel beherbergt« (Hebräer 13,2). Ach ja – Jesus, Maria und Josef waren übrigens auch Flüchtlinge.

kleiden

Nackt sein: Die meisten von uns können das nur bei sehr vertrauten Menschen – oder in der Sauna. Wenn man nichts »anhat«, fühlt man sich entblößt, verwundbar – und manchmal auch nicht unbedingt attraktiv. Kleidung schützt, hüllt ein, spendet Wärme – und gehört in unseren Kulturkreisen zur Würde des Menschen. Nackte zu bekleiden ist ein Werk der Barmherzigkeit.

Nur – auf dem Schlossplatz in Stuttgart wird man in den seltensten Fällen einen Nackten antreffen. Und da aus unseren übervollen Schränken vieles in die Kleiderkammern der Caritas wandert, haben auch die Flüchtlinge, die bei uns Zuflucht gefunden haben, in der Regel durchaus etwas anzuziehen.

Man kann aber auch in einem übertragenen Sinn »nackt« sein ... man hat sich blamiert, fühlt sich bloßgestellt, schämt sich für etwas, möchte sich am liebsten in ein Mauseloch verkriechen. Und genau in solchen Situationen sind Christen gefragt, dem anderen liebevoll einen Mantel der Barmherzigkeit umzulegen, ihn in Liebe einzuhüllen, ihn zu schützen, ihm sein Ansehen zurückzugeben.

Und das kann eine Umarmung, ein gutes Wort oder einfach ein Händedruck sein.

April

pflegen

Im klassischen Sinn steht dieses Werk der Barmherzigkeit für »Kranke pflegen«. Und wer seinen alten, dementen Vater im Haus hat und ihn pflegt, der weiß sehr genau, dass es dazu manchmal durchaus auch Barmherzigkeit braucht.

Das Wort »pflegen« bedeutet aber ganz grundsätzlich, sich um etwas zu kümmern. Da bietet einer seine Hilfe bei der »Gartenpflege« an oder arbeitet in der Gemeinde als »Kirchenpfleger« mit. »Pflegen« ist kein abzuhakender Punkt auf einer »To-do-Liste«, sondern eine Haltung: sich für etwas interessieren, sehen, was fehlt oder getan werden muss, sich kümmern. Man nimmt Verantwortung wahr: die Glasscherbe aufheben, damit sich niemand verletzt, den Stoffbeutel zum Einkaufen mitnehmen, nicht unnötig Energie verschwenden.

Eine solche Haltung aber schließt mich selbst ein – ich darf mich auch um mich kümmern, darf auch für mich sorgen. Und je mehr ich für andere sorgen muss, umso mehr muss ich darauf aufpassen, dass ich mich selbst dabei nicht vergesse.

Das ist übrigens gut biblisch: »*Mein Sohn, wenn du imstande bist, pflege dich selbst; soweit du kannst, lass es dir gut gehen!*« – nachzulesen im Buch Jesus Sirach, Kapitel 14, Vers 11.

besuchen

Wenn ich einen Besuch mache, dann gehe ich zu jemandem hin. Manche Besuche macht man gerne, andere sind eher lästig und eine Pflicht. Es gibt aber Menschen, die in besonderer Weise darauf angewiesen sind, dass sie besucht werden: Menschen, die gefangen sind. Denn in einem Gefängnis kann man die Türen nur von außen öffnen, aber nicht von innen. Der Gefangene kann selbst nicht hinaus – deshalb ist es umso notwendiger, dass andere zu ihm kommen.

Gefängnisse gibt es viele, und sie können die unterschiedlichsten Namen haben: Angst, Trauer, Depression, Einsamkeit, mangelndes Selbstwertgefühl. Und manche Menschen schaffen es nicht, die Tür von innen zu öffnen, ihr Gefängnis zu verlassen – aus welchen Gründen auch immer. Da kann ein wenig Unterstützung von außen hilfreich sein. Deshalb war es immer schon eine Aufgabe von Christen, andere zu besuchen. Kirche sollte zu den Menschen hingehen und nicht warten, bis jemand mehr oder weniger zufällig vorbeikommt.

Zugegeben: Es gibt auch solche, die sich in ihren Gefängnissen ganz gut eingerichtet haben und gar nicht hinauswollen. Aber einen Versuch sollte es trotzdem wert sein ...

beerdigen

Das siebte Werk der Barmherzigkeit ist: Tote beerdigen. Aber eine Betrachtung dazu an Ostern, wenn wir eigentlich Auferstehung feiern? Auferstehung geht nicht ohne den Tod. Da, wo nichts stirbt, kann auch nichts auferstehen. Und den Tod zu ignorieren, nimmt ihn ja nicht weg. Im Gegenteil: Der Tod bekommt erst Macht über uns, wo wir ihn nicht wahrhaben wollen.

Der christliche Weg ist ein anderer: Den Tod annehmen – im Wissen darum, dass der Tod nicht das Ende, sondern ein Anfang ist. Ein Leben, das den Tod kennt und trotzdem lebt, ist stärker, mutiger, freier als ein Leben, das den Tod ignoriert. Jesus ist uns auf diesem Weg vorausgegangen – durch den Tod zum Leben. Und seitdem wissen wir, dass der Tod nicht das letzte Wort hat. Das letzte Wort hat immer die Liebe.

Der Tod ist nur ein Übergang, das Überschreiten einer Grenze. Und Übergänge brauchen Rituale. Einen Menschen zu beerdigen ist deshalb ein Werk der Barmherzigkeit in doppelter Hinsicht: Es würdigt den Verstorbenen – und es hilft den Lebenden, den Übergang zu gestalten und loszulassen. Beerdigung ist immer ein Weg in die Auferstehung hinein. Deshalb geht Ostern auch nicht ohne Karfreitag.

raten

Die sieben »geistigen Werke der Barmherzigkeit« (raten, lehren, korrigieren, trösten, verzeihen, ertragen, beten) sind weniger bekannt als die sieben »leiblichen Werke der Barmherzigkeit«, die sich an einer Rede Jesu im Matthäusevangelium orientieren (25,31–46). Aber auch die Entwicklung der »geistigen Werke« begann schon in der Zeit der Kirchenväter, also zu einer sehr frühen Kirchenzeit.

Den Zweifelnden recht raten – das heißt nicht, dass ich alles besser weiß. Ich helfe dem anderen, unter verschiedenen Möglichkeiten die für ihn (!) richtige und beste Lösung zu finden. Da kann schon auch meine Meinung gefragt sein, aber eben nicht in dem Sinn: »Das musst du jetzt so und so machen!«, sondern indem ich meine Erfahrungen, meine Gedanken zur Verfügung stelle. Und das heißt auch nicht, meinen Rat ungefragt anderen aufzudrängen.

Jemandem raten, das heißt zuallererst, sich jemandem zuzuwenden, ihm zuzuhören, ihm dabei zu helfen, pro und kontra abzuwägen – und zu akzeptieren, dass der andere dann vielleicht eine Entscheidung trifft, die mir nicht passt. Denn »raten« heißt auch, dem anderen seine Freiheit zu lassen.

lehren

Das ist nun ganz eindeutig kein Werk, das irgendwelchen Profis vorbehalten ist, sondern jeder ist gefragt, das vom Leben und vom Glauben weiterzugeben, was er für sich davon verstanden hat.

Von meiner Mutter habe ich gelernt, mich nicht unterkriegen zu lassen, von meinem Vater, dass es auch auf mich ankommt, was ich aus meinem Leben mache. Ein Priester hat mich die befreiende Botschaft des Evangeliums gelehrt, ein guter Freund die Kunst des Genießens. Eine Freundin hat mir einiges darüber beigebracht, wie man Beziehungen leben kann, und von dem einen oder anderen Theologen habe ich gelernt, wie die Bibel zu lesen und zu verstehen ist.

Das meiste und das Wichtigste habe ich nicht bei intelligenten Vorträgen gelernt, sondern dadurch, wie andere ihr Dasein und ihren Glauben leben und gelebt haben. Und wenn sie etwas gesagt haben, dann war es durch ihr Handeln gedeckt.

Papst Paul VI. schrieb es in seinem 1975 veröffentlichten Apostolischen Schreiben »Evangelii nuntiandi« so: »*Der heutige Mensch hört lieber auf Zeugen als auf Lehrer, und wenn er auf Lehrer hört, dann deshalb, weil sie Zeugen sind.*«

Mai

korrigieren

Den korrigieren, der irrt – das mag ja manchmal notwendig sein, aber was soll denn daran »barmherzig« sein? Gelegentlich wird dafür auch der Begriff »zurechtweisen« gebraucht – und es ist ein Werk der Barmherzigkeit, dem anderen den »rechten Weg zu weisen«, wenn er sich »verlaufen« hat, nicht mehr auf dem Weg zum Leben ist.

Manchmal muss ich dabei Menschen enttäuschen. Die Vorsilbe »ent-« in der deutschen Sprache heißt: etwas wegnehmen. »Ent-täuschen« nimmt also jemandem eine Täuschung weg. Das kann dabei helfen, die Wirklichkeit realistischer wahrzunehmen. Da gibt es zum Beispiel Menschen, die keine Grenzen kennen und mich regelrecht vereinnahmen wollen. Sie erhoffen sich etwas von mir, was ich nicht geben kann – und manchmal auch nicht geben will. Solange sie diese Hoffnungen auf mich projizieren, sind sie auf einer Spur, die nicht zum Leben führt. Und dann muss ich »Nein« sagen, um deutlich zu machen, dass dieser Weg in eine Sackgasse führt.

Das ist manchmal schwer. Aber es hilft auch niemandem, wenn man hier nicht Klartext redet. Und barmherzig heißt dann: Wenn man so etwas schon tun muss, dann sollte es aus Liebe und liebe-voll sein.

trösten

Wer trösten will, muss selbst getröstet sein. Der muss wissen, ahnen, spüren, was ihn selbst hält und birgt. Denn nur, wenn ich einen festen Stand habe, kann ich auf andere zugehen, die grad den Boden unter den Füßen verloren haben. Nur dann kann ich deren Verzweiflung, ihre Tränen, die Wut, die Fragen wirklich an mich heranlassen. Nur dann kann ich zusammen mit den Trauernden das aushalten, was manchmal nicht auszuhalten ist. Und eigentlich ist genau das »trösten« – aushalten, dabei bleiben, mitgehen. Nicht erschrecken vor dem Dunkel, mich nicht in billige Worte flüchten, mich nicht entziehen.

Trösten – da muss ich gar nicht viel sagen. Ich muss einfach nur da sein: ein Händedruck, eine kleine Geste, ein Blümchen, das ich vorbeibringe. Das ist der Topf Suppe, den ich koche, das Angebot, die Kinder für einen halben Tag zu übernehmen, eine Kerze anzünden.

Ich kann das Leid der anderen nicht wegnehmen. Und ich darf es auch nicht wegnehmen. Trauer und Dunkel müssen durchlebt werden. Aber es wäre schon viel, wenn ich es mit aushalte, wenn ich mit hindurchgehe.

Aber das kann ich nur, wenn ich selbst gehalten bin – von Gott.

verzeihen

Das scheint auf den ersten Blick so schwer nicht zu sein: Da hat jemand einen Fehler gemacht, er entschuldigt sich – und gerne und großmütig verzeihe ich. Aber bei diesem Werk der Barmherzigkeit geht es darum, Beleidigungen zu verzeihen. Ich bin gekränkt und in meinem Stolz verletzt worden, ich fühle mich angegriffen und abgewertet. Dann ist die Versuchung groß, mich schmollend zurückzuziehen und mich taub zu stellen. Und vielleicht hab ich auch einfach Angst, noch einmal verletzt zu werden, und baue deshalb eine Mauer, die mich schützen soll. Das aber lässt dem anderen keine Chance. Und genau das ist unbarmherzig.

Und plötzlich komme ich ins Nachdenken: Wie oft mag ich wohl Gott kränken und beleidigen, indem ich ihn nicht ernst nehme oder ihm etwas unterstelle? Gott sei Dank – er zieht sich deshalb nicht in einen Schmollwinkel zurück. Er gibt mir die Chance. Er geht barmherzig mit mir um. Er nimmt meine Entschuldigung an, er verzeiht mir – auf die Gefahr hin, dass ich ihn doch wieder verletze.

Und wenn Gott das tut, dann könnte ich es doch wenigstens mal probieren. Auch wenn es mir schwerfällt.

ertragen

Dieses Werk der Barmherzigkeit bedeutet »Die Lästigen geduldig ertragen«. Und dummerweise fallen mir sofort Namen und Gesichter ein: ein junges Mädchen, das sich immer nur bei mir meldet, wenn sie etwas von mir will; ein älterer Herr, begeisterter Besucher von Vorträgen, über die er anschließend mit mir diskutieren will; eine Frau, die dauernd versucht, in Kontakt mit mir zu kommen und immer neue Vorwände dafür findet – und sei es das Stück Kuchen, das sie mir nach einem Fest vorbeibringt.

Was ich daran so lästig finde? Vielleicht ist es das: Diese Menschen holen sich etwas, das ich in der Situation nicht geben mag. Sie wollen etwas von mir – und fragen vorher nicht. Und dann kann es durchaus sein, dass ich mich einfach »benutzt« fühle.

»Ertragen« bedeutet nicht, dass ich alles mit mir machen lasse. Ich kann und darf »Nein« sagen, mich auch abgrenzen. »Barmherzig sein« heißt in dem Fall, die Einsamkeit und die Not dieser Menschen wahrzunehmen, die so groß ist, dass sie keinen anderen Weg sehen, als lästig zu werden. Ernst nehmen – auch wenn ich nicht alle ihre Erwartungen an mich erfüllen kann und will.

Juni

beten

Ein Werk der Barmherzigkeit heißt: für andere zu beten – für Lebende und Verstorbene. Und es mag durchaus seinen Sinn haben, dass dieses Werk am Schluss der sieben geistigen Werke steht. Es kann Situationen geben, in denen ich nichts tun kann, in denen ich an meine Grenzen komme, in denen ich mich ohnmächtig fühle. Aber für den anderen beten kann ich auch dann noch. *Martin Luther* soll einmal gesagt haben: *»Für einen Menschen zu beten heißt, einen Engel bei ihm vorbeizuschicken.«*

Dazu braucht es nicht viele Worte – ich muss noch nicht einmal wissen, worum ich Gott eigentlich bitte. Manchmal ahne ich ja selbst nicht, was dem anderen jetzt guttut oder was er braucht. Im Gebet bringe ich die Menschen vor Gott: *»Ich halte sie ihm hin«*, so beschrieb es einmal eine Ordensschwester. Gott wird dann schon wissen, was zu tun ist. Und ich kann in einer Kirche auch einfach eine Kerze anzünden ...

Und was hat das jetzt mit Pfingsten zu tun?

Pfingsten ist die Zusage, dass wir nicht alleine beten. Denn der Geist Gottes betet in uns und mit uns – auch dann, wenn wir nicht wissen, wie wir beten sollen. Nachzulesen im Brief an die Römer, Kapitel 8, Vers 26.

lieben

Wenn man mich fragen würde, welches Tätigkeitswort mir für Gott einfällt, dann wäre es: lieben. Gott tut nichts als lieben – denn *Gott ist die Liebe* (vgl. 1 Johannes 4,8).

Gottvater liebt und ruft uns ins Leben. Jesus liebt und geht alle unsere Menschenwege mit. Und der Heilige Geist liebt und hält uns wie ein Freund den Rücken frei – und »schubst« uns gelegentlich ein wenig an.

Manchmal aber fällt es uns schwer, uns lieben zu lassen. Denn meistens sind wir nicht so besonders überzeugt von uns selbst: Ich kann das nicht, ich bin nicht hübsch genug, ich genüge nicht. All das aber interessiert Gott überhaupt nicht. Er liebt mich so, wie ich bin. Ich muss nicht erst was werden oder machen und tun. Ich brauche mir seine Liebe nicht zu verdienen. Ich bin gewollt und erwünscht. Da weiß einer um das, was in mir ist.

Wenn ich das wirklich glaube, dann kann ich aufatmen. Dann weiß ich mich gehalten. Dann fühl ich mich aufgehoben. Und aus dieser Geborgenheit heraus kann ich mich dem Leben zuwenden. Sich geliebt zu wissen heißt, lebendig zu werden.

Gott schenkt mir diese Liebe. Was hindert mich eigentlich daran, sie einfach anzunehmen?

ausruhen

Heute Morgen habe ich mich kurzerhand entschieden, nichts zu tun. Es war viel die letzten Tage und Wochen: Kurse, Veranstaltungen, das neue Buchmanuskript. Irgendwie reicht es jetzt, die Kräfte sind verbraucht, der »Tank« ist leer.

Zu tun hätte ich genug ... ich sollte, müsste, könnte ... aber alles, was ich jetzt anfangen würde, ginge mir nur schleppend von der Hand. Aus Erfahrung weiß ich, dass ich nach ein paar Stunden Ruhe am nächsten Tag die Sachen umso schneller hinkriege. Natürlich ist es ein Luxus, das einfach so entscheiden zu können. Wenn man Kinder hat, muss man Mittagessen kochen, wenn man zur Arbeit muss, kann man nicht einfach daheimbleiben – manches ist wichtig und dringend und kann nicht warten.

Aber jeder von uns hat freie Zeiten – und es bleibt meine Entscheidung, was ich in diese Zeiten hineinpacke oder was ich gegebenenfalls auch mal lasse. Die Bettwäsche kann ich morgen noch waschen, das Unkraut im Garten kann ruhig einen Tag weiterwachsen, und das Mittagessen kann auch mal der Eintopf aus der Dose sein.

Übrigens: Auch Gott ruhte am siebten Tag, nachdem er die Welt erschaffen hatte. Obwohl ganz sicher noch einiges zu tun gewesen wäre ...

genießen

Bei einem Seminar vor einiger Zeit sagte eine Teilnehmerin bei der Vorstellrunde: »Das Seminar? Meine Tochter hat mich geschickt!« Wir schauten wohl alle etwas verständnislos, deshalb erklärte sie: »Ja, sie hat zu mir gesagt: ›Mutti, du bist im Moment so unausstehlich, es wird höchste Zeit, dass du mal wieder etwas für dich tust, damit wir nicht unter dir leiden müssen!‹«

Wer genießen kann, hat mehr vom Leben. Und eigentlich gibt es gar keinen Grund, das nicht zu tun. Denn genießen bedeutet einfach die Kunst, lustvoll im Augenblick zu leben – der erste Schluck Kaffee am Morgen, ein paar Minuten den Vögeln zuschauen, sich für einige Momente einer Melodie hingeben, den typischen Geruch am Hafen wahrnehmen. Und es hat nichts mit Geld zu tun. Mancher, der viel Geld hat, kann trotzdem nicht genießen. Es sind die kleinen Momente im Leben, die man bewusst wahrnimmt und »verschmeckt«, wie man im Süddeutschen sagen würde.

»Wer sich selbst nichts gönnt, wem kann der Gutes tun? Er wird seinem eigenen Glück nicht begegnen« – das ist eine gute Lebensweisheit! Wo das steht? In der Bibel ... im Buch Jesus Sirach, 14. Kapitel, Vers 5.

Aber man muss es halt auch tun.

Juli

reisen

Sommer und reisen – das gehört für viele zusammen. Für ein paar Tage raus aus dem Alltag, was anderes sehen und erleben, abschalten, die schönsten Wochen des Jahres, auf die man sich schon lange im Voraus freut.

Um zu reisen, muss man aber nicht unbedingt Urlaub machen – und es müssen auch nicht gleich vierzehn Tage sein und möglichst weit weg. Es gibt auch andere Möglichkeiten, seine eigene kleine Welt einmal zu verlassen, dem Alltag zu entfliehen. Ein gutes Buch kann mich auf eine Reise einladen oder das Theaterstück auf der Freilichtbühne. Dafür braucht man weder viel Geld noch allzu viel Zeit – nur ein bisschen Fantasie und Mut, auch mal was anderes zu probieren und zu entdecken.

Denn beim Reisen kommt es nicht auf die Kilometer an, sondern auf die innere Haltung. Oder wie *Erich Zenger*, ein Alttestamentler, einen Satz aus Psalm 84 übersetzt hat: »*Pilgerwege im Herzen zu tragen*«. Das würde auch erklären, warum manche viel in der Welt herumkommen und doch nichts Neues entdecken – und andere ans Bett gefesselt und trotzdem auf einem Weg sind.

Denn wenn das Herz nicht offen ist, nutzt auch keine Ortsveränderung was.

schauen

Heute Morgen waren wir im Merfelder Bruch im Münsterland. Dort leben etwa 350 Wildpferde, derzeit mit vielen jungen Fohlen.

Das Wetter war regnerisch und kalt – und so waren wir ganz allein mit den Pferden. Wir konnten einfach schauen und beobachten, wie die Fohlen miteinander spielten und rangelten. Die Pferde grasten friedlich, nur manchmal stritten sich einige Stuten und keilten aus. Einzelne Gruppen von Pferden zogen zu dem kleinen Teich, um zu trinken, machten dann einer nächsten Gruppe Platz und begannen wieder zu grasen.

Wir standen nur da und sagten nicht viel. Für mich war es eine heilige halbe Stunde, von den Pferden und der Landschaft geht etwas aus, das mich verzaubert, in Bann zieht. Mein Herz wurde weit, Frieden zog ein.

Dann kamen die ersten anderen Besucher. Und manche von ihnen wollten etwas sehen, etwas geboten bekommen. Und der Zauber zog sich ganz leise zurück.

Da sind wir gegangen.

Wer etwas sehen will, wird manches nicht entdecken. Wenn man wirklich schauen will, muss man sich auch verzaubern lassen können – nur dann kann ich beschenkt werden.

Und es könnte sein, dass dies manchmal auch für den Glauben gilt.

hören

Zum Glauben gehört ganz wesentlich auch das Hören – Hören auf Gottes Wort, auf das, was Gott von mir will. Oder vielleicht richtiger: auf das, was Gott *für* mich will.

Genau wie mit dem Schauen tun wir uns heute mit dem Hören eher schwer. Unsere Welt ist sehr laut und umtriebig geworden. Um darin bestehen zu können, muss man ja auch was sagen. Und so sagt auch der, der eigentlich nichts zu sagen hat, trotzdem etwas. Denn nur, wenn man etwas sagt, ist man ja auch wer. Dann wird sprechen und reden zum Beweis, dass man selbst existent ist.

Wer selbst redet, kann nicht gut hören. Deshalb hat sich bei vielen Menschen inzwischen eine »seelische« Schwerhörigkeit entwickelt. Sie sind so damit beschäftigt, das zu sagen, was sie gerade beschäftigt, dass sie nicht mehr in der Lage sind, auf das zu hören, was dem anderen gerade wichtig ist.

Aber wenn ich nur rede, um damit irgendwie »vorzukommen«, dann drehe ich mich um mich selbst. Wenn ich anderes und Neues erfahren will, dann muss ich ins Hören kommen.

Und es könnte sein, dass deshalb unser Glaube zuerst unser Hören will – und erst dann unser Reden.

Weil Gott uns was zu sagen hat ...

faulenzen

Gelegentlich mach ich das ganz gerne – einfach richtig faulenzen! Morgens etwas länger schlafen, keine Termine haben, nichts machen müssen – aber alles machen können, wozu ich grad Lust habe. Das geht besonders gut in den Sommerwochen, wenn alle anderen im Urlaub sind und nichts von mir wollen, keine Mails schicken, nicht anrufen. Ich habe Zeit für ein Kreuzworträtsel, für ein Buch, für ein spontanes Gespräch, den Spaziergang an der Ems.

Faulenzen heißt nicht unbedingt, »nichts zu tun«. An solchen Tagen koche ich zum Beispiel gerne, es kann auch durchaus sein, dass ich mir eine Ecke im Garten vornehme oder einen Text schreibe – aber wenn ich das mache, dann eben nicht, weil ich es tun muss, sondern weil ich es tun mag. Und es genieße, es jetzt tun zu können.

Ob Jesus auch gefaulenzt hat? Na ja, so direkt steht es nicht gerade in den Evangelien. Aber er hat sich schon immer wieder mal den Menschen entzogen, hat die Einsamkeit gesucht. Und es scheint so, als ob gerade das die Zeiten waren, in denen er mit seinem himmlischen Vater im Gespräch war. Vielleicht hat Gott gerade dann eine Chance, wenn ich mal keine Termine habe und nichts tun muss?

erzählen

Abends, schon im Bett eingekuschelt, kam Mutti noch mal vorbei, um Gute Nacht zu sagen. Und ich fragte: »Erzählst du mir was?« – und dann las sie noch eine Geschichte vor. Ich hörte gespannt zu, am Ende ging alles gut aus – und ich konnte gut einschlafen.

»Erzählen« und »Geschichten« gehören zusammen. Informationen teilt man mit, über Themen spricht man – Geschichten werden erzählt. Sie entführen in eine andere Welt und laden dazu ein, sich selbst darin zu entdecken. Sie drängen sich nicht auf und schreiben nichts vor, sie bieten einfach nur an. Märchen und Geschichten wollen Lebensweisheit weitergeben, nicht Fakten oder Wissen. Und manchmal kann man dabei auf sanfte Art etwas lernen, das für die eigene Welt taugt.

Jesus ist ein Geschichtenerzähler: »*Ein Mann ging von Jerusalem nach Jericho und wurde von Räubern überfallen ...*«, und beim Zuhören kommt man so ganz nebenbei ins Nachdenken: Was hätte ich denn getan? Übrigens: Falls Sie wissen möchten, wie die Geschichte weitergeht: nachzulesen im Lukasevangelium, Kapitel 10, Verse 25–37.

Jesus lädt ein – und schreibt nicht vor.

Vielleicht sollten wir das auch tun – einfach Geschichten unseres Glaubens erzählen ...

August

staunen

Von Kindern könnten wir das wieder lernen ... staunen können! Fasziniert sich von etwas in Bann ziehen lassen, schauen, hören, tasten ... etwas entdecken. Das kann der Regenwurm sein, der sich aus dem Boden hervorkringelt, der Schaum auf dem Wasser in der Badewanne, die hohen Windkrafträder oder das kunstvolle Netz der Spinne. Kinder können einfach sprachlos davorstehen und spüren, dass es da etwas gibt, das schön ist, groß, unbegreiflich. Ich glaube, das ist »staunen«.

Wir »Großen« haben das manchmal verlernt. Wir staunen und fragen nicht mehr, sondern sind stolz auf unser rationales Denken und begegnen Geheimnissen wie Rätseln, die es zu lösen gilt. Was wir erklären können, darüber staunen wir oft nicht mehr. Was wir verstehen, verliert manchmal seinen Zauber. Aber damit machen wir uns selbst arm.

Vielleicht sollte man manchen Dingen ihr Geheimnis lassen. Vielleicht sollte man sich ein wenig Staunen mitten im Alltag bewahren – Dinge eben nicht für selbstverständlich halten und sie einfach schön, groß und unbegreiflich sein lassen. Und nicht alles erklären müssen ...

Denn nicht zuletzt gilt: Wer sich nicht mehr wundern kann, für den werden auch keine Wunder geschehen.

schreiben

Ich schreibe gern. Für mich ist schreiben eine Form der Verarbeitung. Für meine Gedanken und Gefühle suche ich Worte und einen Namen. Oder anders gesagt: Ich gebe beim Schreiben meinen Eindrücken einen Ausdruck. Deshalb kann ich wirklich gut auch nur über das schreiben, was mich berührt und bewegt.

Wenn etwas in mir keinen Eindruck hinterlassen hat, kann ich auch nichts Gescheites darüber schreiben.

Mir hilft der Gedanke bei so manchen biblischen Geschichten und alten Gebeten: Welchen Eindruck will der Schreiber damit zum Ausdruck bringen? Was hat er mit Gott erlebt, wovon ist er berührt worden?

Dann wird schnell klar, dass manches eben nicht wortwörtlich verstanden werden muss, sondern der Versuch ist, eine tiefe Erfahrung in Bilder und Worte zu fassen. Wenn jemand von Gott begeistert und entflammt ist, dann beschreibt er es vielleicht im Bild einer Feuerzunge, die sich auf ihn herabsenkt, in ihn hineinkommt. Und ich frage nicht mehr, ob es wirklich so war – sondern was derjenige in diesem Moment gespürt und empfunden hat.

Was bewegt Sie denn in Ihrem Glauben wirklich – und wie würden Sie das beschreiben?

Schreiben Sie es doch einfach mal auf ...

lesen

Es gehört zu meinen Ritualen vor dem Einschlafen, noch ein paar Seiten in einem Buch zu lesen. Zugegeben, manchmal muss ich die gleichen Seiten an zwei oder drei Abenden hintereinander lesen, weil ich doch zu müde war, um zu behalten, was da stand ... aber auch das darf ja sein. Mir ist jedenfalls in einem Hotelzimmer eine ordentliche Lampe auf dem Nachttisch wichtiger als der große Flachbildfernseher.

Mit dem Lesen »gehe« ich in eine andere Welt hinein – und kann dabei das, was mich beschäftigt, loslassen. Und je nachdem, was ich tagsüber um die Ohren hatte, greife ich mal zu einem Krimi oder durchaus auch mal zu einem schnulzigen Liebesroman. Bevor ich dann einschlafe, denke ich manchmal: spannend, was es so alles an »Welten« gibt!

Auch die Texte der Bibel führen in eine andere Welt. Aber in dieser »anderen Welt« ist meine eigene kleine Welt enthalten und gut aufgehoben. Und daran erinnert zu werden, könnte ja vielleicht auch beim Loslassen helfen.

Deshalb: Wie wäre es denn mit einem Psalmvers – vor dem Einschlafen zu lesen? Zum Beispiel mit: »*In Frieden leg ich mich nieder und schlafe ein; denn du allein, Herr, lässt mich sorglos ruhen*« (Psalm 4,9).

gehen

Ehrlich gesagt, ich weiß nicht, ob die Frage »Wie geht's?« wirklich mit dem Verb »gehen« in seiner Bedeutung zusammenhängt – aber vorstellen könnte ich es mir schon. Auch wenn etwas funktioniert, spricht man ja davon, dass es »geht«.

Gehen zu können, das war für den Menschen früher notwendig zum Überleben ... man musste dahin gehen, wo es Nahrung und Wasser gab, man musste weggehen können, wenn Gefahren drohten. Wer nicht mehr gehen konnte, war in der Regel dem Tod ausgeliefert. Gehen, Fuß vor Fuß setzen, Schritt für Schritt machen, mich einschwingen in einen Rhythmus, einen Ort verlassen, mich einem anderen annähern. Gehen braucht Zeit – und macht den Kopf frei. Und manchmal auch die Seele. Wenn ich in Bewegung bin, kommen auch meine Gedanken in Bewegung.

Als ich vor einigen Jahren sieben Wochen zu Fuß nach Santiago de Compostela pilgerte, habe ich die Radfahrer, die schon in vierzehn Tagen da waren, überhaupt nicht beneidet. Mir wäre das zu schnell gewesen, meine Seele wäre nicht nachgekommen. Vieles hätte ich gar nicht wahrgenommen oder gesehen.

Deshalb: »*Kommt, wir ziehen hinauf zum Berg des Herrn!*« (Jesaja 2,3) – auch zu Gott geht man zu Fuß.

September

stehen

Auch wenn ich nur wenig Spanisch verstand – die Geste des Arztes in Pamplona war eindeutig: *Nicht gehen!* Auf meinem Pilgerweg nach Santiago de Compostela war ich gestürzt und hatte mir wohl eine Zerrung im Knie zugezogen. Und die Schmerzen ließen mir keine Chance. All meine Pläne waren damit durchkreuzt, alle Vorbereitungen umsonst.

Manchmal wird man mitten im Gehen angehalten – auch wenn es einem grad überhaupt nicht passt.

Damals in Pamplona war die Frage: Was tun? Abbrechen und heimfahren? Oder warten und hoffen, dass es wieder besser wird? Nach einer Nacht mit viel Tränen und Überlegungen entschied ich mich, erst einmal per Bus weiterzupilgern.

Und diese Tage wurden die intensivsten auf meinem Weg nach Santiago. Ich musste mich mit meinen eigenen Grenzen, meinen Verletzungen auseinandersetzen. Ich musste mich der Situation stellen, dass es eben nicht so geht, wie ich es mir gedacht hatte, musste mich neu orientieren. Und das war gut so. Sonst wäre ich einfach nur weitergelaufen. Deshalb kann stehenbleiben manchmal wichtig sein.

Ach so, ja, ab Burgos ging es wieder mit dem Gehen. Und in Santiago bin ich auch noch angekommen. Aber ohne diese Tage wäre ich anders angekommen.

sitzen

Manchmal sitz ich ganz gerne einfach so in der Gegend rum ... morgens beim ersten Tee, wenn ich den Vögeln zusehe und den Schiffen auf der Ems, oder abends im Garten auf der Bank, wenn die Fledermäuse ihre Runden drehen. Ich kann das am endlosen Strand von Juist mit Blick auf das Meer und im Straßencafé an der Alster, mit Hunderten von Menschen um mich herum – einfach dasitzen und gucken.

Als Kind hab ich noch gehört: »Sitz nicht rum! Tu was!« – und das führte dann dazu, dass ich ein schlechtes Gewissen hatte, wenn ich nicht mit irgendetwas beschäftigt war. »Rumsitzen« galt als »faul«, und Müßiggang war »aller Laster Anfang«. Aber gerade solche Zeiten können kostbar sein.

Es mag ja durchaus sein, dass *ich* in dem Moment nichts tue – aber es könnte sein, dass sich gerade dann etwas *in mir* tut. Nicht »ich tue«, sondern »es tut sich«. Und vielleicht kann erst dann etwas Neues in mir wachsen und sich entwickeln, wenn ich dabei nicht störe, nicht allzu viel denke und mache und tue.

Wenn ich einfach nur bin ...

Deshalb sitze ich manchmal ganz gerne einfach nur irgendwo rum ... damit »es« eine Chance hat. Probieren Sie es doch einfach mal aus!

nehmen

»Geben ist seliger als nehmen!« – das war eine der Redensarten, die ich als Kind immer wieder gehört habe. Und damit verbunden war die mehr oder weniger direkte Aufforderung, dass ich doch, bitte schön, etwas von dem abgeben soll, was ich habe. Und so falsch ist das ja auch nicht. Abgeben, teilen, hergeben ... damit auch andere leben können. Andere an meinem Reichtum teilhaben lassen, damit nicht manche vieles haben und andere gar nichts.

Manche aber haben das Geben so verinnerlicht, dass sie immer nur an die anderen denken, aber nicht an sich selbst. Dabei vergessen sie, dass man erst selbst etwas bekommen muss, bevor man etwas geben kann. Wer nichts hat, kann auch nichts geben.

Manche Menschen müssen also zunächst einmal wieder nehmen lernen. Dazu gehört es, sich beschenken lassen zu können, sich auch einmal verwöhnen zu lassen, gut mit sich selbst zu sein. Wer hart ist gegen sich selbst, wird auch anderen nichts gönnen.

Denn es geht nicht darum, meinen Mangel zu vergrößern, sondern von meinem Überfluss abzugeben – nachzulesen im zweiten Brief an die Korinther, 8. Kapitel, Verse 10–15.

Übrigens – Geld könnte dabei gar nicht so sehr gefragt sein ...

teilen

Das, was ich habe, kann ich teilen, davon kann ich abgeben. Teilen aber heißt: Ich gebe nicht *alles* her. Ich behalte etwas für mich. Und das darf so sein. Der heilige Martin hat es uns vorgemacht. Er hat seinen Mantel geteilt, hat die eine Hälfte dem Bettler gegeben, aber die andere für sich behalten.

Das gilt übrigens nicht nur für Geld oder materielle Dinge, sondern zum Beispiel auch für die Zeit. Ich brauche nicht alle meine Zeit anderen und anderem zu geben, sondern darf auch Zeit für mich behalten. Und das ist dann eine Zeit, über die ich niemandem Rechenschaft schuldig bin. Es ist einfach »meine Zeit«. Und in der kann ich tun und lassen, was ich will – lesen, träumen, Sudoku lösen, spazieren gehen, Bilder angucken, nichts tun ... ich brauche auch meine Zeit für mich.

Manchmal vergesse ich das. Und dann wird in die letzte freie Ecke im Kalender noch ein Termin eingetragen – oder ich habe ein schlechtes Gewissen, weil ich die Einladung zum Kaffee bei Bekannten immer noch nicht angenommen habe. Aber ich darf etwas für mich behalten.

Und Jesus?

Der war auch nicht unbedingt immer da, wo man ihn haben wollte.

Oktober

danken

Als Kind habe ich es gelernt: Wenn man etwas geschenkt bekommt, dann sagt man: »Danke!« Manchmal fand ich das eher lästig. Und eine ältere Tante hat sich unter anderem dadurch mein Herz erobert, weil sie bei ihren Päckchen zum Geburtstag immer extra dazu schrieb: »Du brauchst Dich auch nicht zu bedanken!«

Auch Leben ist ein Geschenk. Manchmal vergessen wir das und sehen es als selbstverständlich an. Gelegentlich pochen wir fast auf ein »Recht auf Leben« und fangen an, über das Leben verfügen zu wollen – und das gilt für den Beginn wie für das Ende.

Aber Geschenke kann man nicht einfordern, sie werden geschenkt. Und das gilt für das Leben, für Freundschaft, Liebe, Gesundheit. Alles wirklich Wichtige wird mir geschenkt. Aber wenn mir etwas geschenkt wird, dann ist da einer, der schenkt. Einer, der mich meint. Einer, der mich sieht.

Und das könnte Gott sein.

Übrigens: Genau wie meine Tante braucht Gott mein »Danke!« nicht unbedingt.

Aber ich finde es ganz schön, jemanden zu haben, dem ich für dieses Leben auch mal »Danke!« sagen kann.

reifen

Die Trauben hängen schwer am Weinstock, im Apfelbaum leuchtet das Rot der Äpfel, das kleine Eichhörnchen holt sich die Haselnüsse vom Strauch. Der Oktober ist die Zeit des Reifens, des Fruchtbringens, des Erntens.

Das gilt auch für den Herbst unseres Lebens. Wir müssen nicht mehr blühen – das hatten wir ja schon im Frühjahr. Und so besonders viel wachsen müssen wir auch nicht mehr, das stand im Sommer an. Aber es gibt auch keinen Grund, schon in den Winterschlaf zu versinken. Jetzt ist die Zeit, die Früchte reifen zu lassen und sie herzugeben, denn in ihnen ist bereits der Same für neues Leben angelegt.

Reifen – wie aber macht man das?

Möglicherweise lässt es sich gar nicht »machen«, sondern man muss es »geschehen« lassen. »Es reift«, wenn ich es zulasse. Es kann reifen, wenn ich nicht dem Blühen und Wachsen hinterhertrauere. Es kann reifen, wenn ich nicht die Ernte meines Lebens ängstlich für mich behalten und verstecken will.

Zum »reif« sein gehört die Weisheit, dass es für alles eine Zeit gibt. Und dass ich diese Zeit erkenne und sie entsprechend lebe.

Und unreif könnte der sein, der mit der Blüte schon die Frucht will – und der Zeit keine Zeit gibt.

wandeln

Dieses Wort wird heute nur noch selten gebraucht, viele kennen es gar nicht mehr. »Wandeln« kommt von »wenden« – eine »Wandelhalle« ist ein Raum, in dem man hin und her geht und sich dabei immer wieder umwendet. Mit jedem »Umwenden« aber wechselt auch die Blickrichtung, man sieht woandershin und sieht deshalb anderes. Und wenn wir vor Gott »wandeln«, wie es in einem bekannten Kirchenlied heißt (Gotteslob Nr. 543), dann schauen wir auf Gott und richten unseren Weg auf ihn hin aus.

Wandlung – das kennen wir von der Eucharistie. Brot und Wein werden »verwandelt«. Da wechselt auch die Blickrichtung, da wird anderes wichtig.

Auch ich bin zum »wandeln« eingeladen: hin und her gehen, die Perspektive ändern. Und wenn ich anders hinschaue, dann können sich auch Menschen ver-wandeln. Dann ahnt man plötzlich um die Sehnsucht nach Liebe bei dem kleinen schüchternen Mädchen, die Einsamkeit im Blick des älteren Mannes, die Unsicherheit des so großspurig auftretenden Jugendlichen.

Wenn ich aus einer anderen Perspektive schaue, werde ich anderes entdecken, und dann kann ich auch anders damit umgehen.

Wandeln – mit der Liebe Gottes auf die Menschen schauen.

heilen

Wer sich auf das Leben einlässt, der kommt nicht unverletzt davon. Ein Traum zerplatzt, eine Hoffnung wird nicht erfüllt, eine Beziehung scheitert. Krankheit, Einsamkeit, Angst, Tod – unsere Verletzungen tragen die unterschiedlichsten Namen. Ihnen allen gemeinsam ist, dass sie wehtun – und dass sie Heilung brauchen.

In solchen Situationen suchen Menschen danach, was oder wer ihnen helfen, sie heilen kann.

Manchmal fragen sie dann auch nach Gott. Und das könnte eine Chance sein. Jesus selbst sagt es so: *»Nicht die Gesunden brauchen den Arzt, sondern die Kranken«* (Lukas 5,31). Er ist gekommen, um zu heilen, um uns heil, also »ganz« zu machen. Das aber ist eine seelische Dimension, da geschieht etwas in mir. Und das kann dann durchaus Auswirkungen auf den Leib haben, so wie ja auch manche körperlichen Krankheiten seelisch bedingt sein können.

Wenn Jesus uns heilt, dann nimmt das die Krankheit oder die Verletzung nicht unbedingt weg – aber wir können vielleicht lernen, damit zu leben. Oder wir bekommen neue Kraft, unser Leben wieder in die Hand zu nehmen. Deshalb dürfen wir vertrauensvoll beten: *Sprich nur ein Wort, dann wird meine Seele gesund!*

lachen

In einer Predigt erzählte ein südafrikanischer Bischof von einem Pfarrer, der nach seinem Tod in die Hölle kam – aus welchen Gründen auch immer. Und er wunderte sich, er hatte sich die Hölle ganz anders vorgestellt – aber hier war es sauber, hell, aufgeräumt, Blümchen standen da, es roch gut. Als er den Teufel traf, fragte er ihn kurzerhand, wie das denn käme. Der Teufel schmunzelte und sagte: »Ach, wir haben seit einigen Wochen ein paar Ordensschwestern hier!«

Die Ordensschwester, von der ich das hörte, brauchte für diese paar Sätze wohl fünf Minuten, weil sie selbst beim Erzählen so lachte, dass ihr die Tränen kamen. Und wir alle, die wir am Tisch saßen, mussten einfach mitlachen.

Sich nicht so wichtig nehmen und über sich selbst lachen können: Das täte vielleicht unserem Glauben gerade in der jetzigen Situation ganz gut. Wer eine Untergangsstimmung ausstrahlt, braucht sich nicht zu wundern, wenn die Menschen wegbleiben. Da, wo man sich des Lebens freut, wo man miteinander lachen kann, werden andere neugierig.

Und wir Christen haben allen Grund dazu, denn wer erlöst ist, ist auch frei – und wer frei ist, der kann lachen.

November

weinen

Tränen sind kostbar und wertvoll. Im Weinen kann sich etwas Schweres und Trauriges in mir lösen oder ein tiefer Moment des Glücks und des Berührtseins seinen Ausdruck finden. Solcher Tränen braucht man sich nicht zu schämen, ganz im Gegenteil. Sie sind ein Zeichen von Lebendigkeit.

Und man muss auch nicht erschrecken, wenn andere weinen. Vielleicht ist sogar eher Dankbarkeit angesagt? Darüber, dass mir der andere so vertraut, das er oder sie bei mir weinen kann?

In einem Tagungshaus auf der Insel Wangerooge habe ich ein »Heul-Sofa« gefunden. Eine Packung Kleenex-Tücher, liebevoll in einem kleinen Sofa aus Stoff »versteckt«. Ja, man darf weinen – es gibt einen Platz dafür. Und da darf man sich ein wenig einkuscheln, sich ein wenig bergen. Und manchmal kann eine kleine praktische Unterstützung wie ein Taschentuch ganz hilfreich sein.

Tränen sind kostbar. Deshalb verspricht uns Gott auch nicht, dass wir nicht mehr weinen werden. Diese Zusage gilt erst dann, wenn wir bei ihm sind. Hier auf Erden würde er uns etwas Kostbares wegnehmen, das er uns selbst geschenkt hat.

Aber er wird unsere Tränen in seinem Krug sammeln. Und keine Träne wird verloren gehen.

klagen

Einsatz in der Notfallseelsorge: Eine junge Frau war tot zusammengebrochen. Die Rettungskräfte versuchten eine Reanimation, aber vergeblich. Ein geschockter Ehemann, ein dreijähriges Kind, ein verzweifelter Vater, Nachbarn, Freunde, Polizei – dann die Männer vom Bestattungsinstitut.

Der Vater saß draußen auf der Treppe, versuchte, sich mit zitternden Händen eine Zigarette anzuzünden. Ich gab ihm Feuer. Zu sagen gab es in der Situation nichts, ich konnte einfach nur dabeibleiben und mitaushalten.

Und ich hätte sowieso keine Worte gehabt.

Ich konnte nur still für mich das Vaterunser beten, das Gebet, das mich hält und trägt. Aber bei der Zeile: *Dein Wille geschehe!* konnte ich nicht weiterbeten. Nein, das kann nicht dein Wille sein – schrie ich innerlich meinem Gott entgegen. Das kannst du nicht wollen! Warum? Eine Antwort habe ich an dem Nachmittag nicht bekommen.

Aber immerhin hatte ich in Gott jemanden, dem ich all das vor die Füße werfen konnte.

»Nur weil ich noch an Gott glaube, verlange ich Rechenschaft von ihm«, so sagte es *Elie Wiesel,* der jüdische Friedensnobelpreisträger.

Und wem sonst hätte ich meine Klagen und meinen Protest auch geben können?

feiern

Mittwochabend, das Telefon klingelt. Angelo, ein guter Freund, ist dran: »Hast du heute Abend was vor? Wollen wir essen gehen?« – ich überlege einen Moment, warum eigentlich nicht? Es war zwar nicht eingeplant, aber ich muss weder ganz dringend einen Artikel schreiben noch eine Veranstaltung vorbereiten. Und so verabreden wir uns beim Italiener.

Es wird ein wunderschöner Abend. Wir sehen uns viel zu selten, haben wenig Gelegenheit, einander zu erzählen. Jetzt tut es gut, die Vertrautheit zu spüren, einfach beieinander zu sein, zuzuhören, zu reden, zu lachen, zu schweigen. Im Hintergrund leise Musik, das Essen schmeckt, der Wein ist gut. Mitten im Alltag, zwischen all den Terminen, all dem, was zu tun ist, feiern wir unser eigenes, kleines, ganz privates Fest.

Nein, es gibt keinen Anlass, keinen Grund. Da gibt es kein Datum, das uns sagt, dass wir etwas zu feiern hätten. Aber muss man denn immer erst einen Anlass haben, um etwas zu feiern? Kann nicht auch ein Mittwoch einmal zum Sonntag werden? Müssen Feste immer groß und gigantisch sein?

Manchmal sollte man einfach feiern, weil man lebendig ist. Und: Unser Leben sei ein Fest ... Gott lädt dazu ein.

segnen

Wetten, dass Sie heute schon gesegnet haben! Nein, noch nicht gesegnet? Okay, dann könnte es sein, dass Sie die Wette verlieren ...

Segnen – das heißt ganz einfach: Gutes zusagen. Und das kann jeder – und eben nicht nur Priester oder pastorale Mitarbeiter. In diesem Sinn ist es eigentlich schon ein Segen, wenn wir jemandem einen »Guten Tag!« wünschen – wenn wir es wirklich so meinen und nicht nur einfach als Floskel dahersagen. Und wenn wir dies »im Namen des Vaters, des Sohnes und des Heiligen Geistes« tun, dann verbünden wir uns mit Gott, dann möge er bitte das Gute unterstützen, das wir dem anderen wünschen.

Im November schließt sich ein Kreis: Das bürgerliche Jahr beginnt im Januar, aber der Jahreskreis der christlichen Feste, das »Kirchenjahr«, beginnt am ersten Adventssonntag. Mitten im Alltag, in all unserer Geschäftigkeit, will uns der kommende Advent an das Leben erinnern und an das, was wirklich wichtig ist. Und Übergänge wollen gesegnet sein.

Wie wäre es denn, dem anderen einen »schönen Advent« zu wünschen? Ihm für diese Tage Gutes zuzusagen? Und damit den Advent der anderen zu segnen? Sie können es sich ja mal überlegen.

Ich sage auf jeden Fall: Gute Adventstage! Und ich mein es so.

Dezember

erwarten

Manche Wörter passen ausgesprochen gut in adventliche Tage – und das Wort »erwarten« gehört mit Sicherheit dazu. Wir erwarten etwas, warten auf etwas hin, auf etwas zu. Wir sind gespannt, neugierig, ungeduldig ...

Manchmal aber tappen wir dabei ganz schnell in die Falle: Statt erwartend zu sein, haben wir plötzlich Erwartungen. Beides hört sich ähnlich an – und doch liegen Welten dazwischen. »Ich erwarte von dir ...« – und dann kommen ganz konkrete Vorstellungen, was der andere zu tun und zu lassen hat. Und wehe, wenn nicht!

Ganz anders hört es sich an, wenn das junge Mädchen am Telefon zu ihrem Freund sagt: »Ich erwarte dich! Komm! Ich bin da!«

Wir erwarten Weihnachten nicht mehr, sondern haben Erwartungen: Es möge bitte alles so schön wie jedes Jahr sein! Und harmonisch und friedlich und nett! Und wehe, wenn nicht!

Wer Weihnachten erwartet, der ist offen für das, was eventuell geschehen mag – vielleicht ganz anders, als es bisher war. Der sagt nicht: »Das haben wir aber immer schon so gemacht!«, sondern der ist offen für das Neue, das kommt.

Wie das genau aussieht, das kann nur jeder ganz alleine erfahren. Dafür aber muss man erwartend sein – und eben keine Erwartungen haben.

lauschen

Für viele sind diese Tage sehr umtriebig und manchmal auch laut: »Jingle Bells«, die Suche nach Geschenken, der Kampf um den freien Parkplatz, die Einkaufslisten vor den Feiertagen, das Schreiben der Weihnachtspost – es gibt genug zu tun in diesen Tagen. Aber ob wir da immer das Richtige tun?

Advent ist die Einladung zum »Lauschen« auf die leisen Töne. Da sind die Lieder der Sehnsucht und Verheißung: »*Tauet, Himmel, den Gerechten …*«. Da sind die uralten Texte der Hoffnung: *»Dann wohnt der Wolf beim Lamm …«*. Da sind die leisen Stimmen von Menschen auf der Flucht, auf dem Sterbebett, einsam in einer kalten Wohnung. Da ist das Hinhören auf die Stimme Gottes in mir, auf sein leises Werben, das mich meint. Seine Fragen, seine Worte der Liebe.

Um lauschen zu können, muss man still werden. Die Heilige Nacht ist eine »stille Nacht«. Damit könnte man es ja in diesen Tagen schon einmal probieren: mich in eine Kirche setzen und ruhig werden, in der Küche am noch nicht abgeräumten Frühstückstisch eine Kerze anzünden, am Abend für ein paar Minuten vor der Tür stehen und zum Himmel schauen … lauschen.

ahnen

Gerade zu Weihnachten sollen Geschenke ja oft eine Überraschung sein. Und wenn einem die gelingt, dann freut man sich manchmal fast mehr als der Beschenkte!

Gelegentlich aber lässt es sich nicht verhindern, dass der andere doch etwas ahnt – wenn man unbedingt noch einmal in die Stadt muss und zwar alleine, wenn der Postbote ein großes Paket abgibt, wenn sich einer in seinem Zimmer verkriecht und sich ausbedungen hat, dass man unbedingt anklopfen muss – dann kann man fast sicher sein, da ist irgendwas im Busch. Man ahnt was ...

Das ist eigentlich Advent. Da kommt irgendwas Großes und Schönes, etwas, worauf man sich freuen kann, womit sich der andere ganz viel Mühe gemacht hat. Aber man weiß nicht genau, was es eigentlich ist ...

Wir ahnen nicht mehr um Weihnachten, sondern wir wissen darum. Fast ist Weihnachten berechenbar geworden. Und das macht das Fest – und uns – eigentlich ärmer, denn das Wissen nimmt den Zauber des Ahnens weg.

Nur manchmal, in ein paar stillen Momenten, da schleicht sich das Ahnen um das Andere doch wieder herein – könnte es nicht sein, dass ...?

Und wenn wir dem trauen, dann könnte es sein, dass uns Weihnachten wirklich überrascht!

suchen

Der Advent ist die Zeit des Suchens. Das aber meint nicht die Suche nach dem besten Rezept für den Weihnachtsbraten oder eventuell noch fehlenden Geschenken. Das Suchen im Advent hat eigentlich etwas mit Sehnsucht zu tun, mit dem Ahnen und dem Spüren, dass es da doch mehr geben, dass da doch mehr sein muss.

Zugegeben, da hatten es frühere Generationen leichter. In den langen, dunklen Winternächten, ohne Fernsehen, ohne Telefon, da konnte die Sehnsucht wachsen. Da hatten die Fragen eine Chance, gehört zu werden. Da hatte man Zeit, einer Idee nachzuhängen. All das ist heute im Advent nicht mehr vorgesehen. Das elektrische Licht wird angeschaltet, »Jingle Bells« verdrängt die Stille, und die Ideen werden von anderen vorgegeben.

Vielleicht müssten wir zuallererst den Advent suchen?

Aber ab und an blitzt doch etwas von diesem Suchen, dieser Sehnsucht auf – ein Gottesdienst, frühmorgens im Licht der Kerzen gefeiert, der fallende Schnee, der eine ganz eigene Stille mit sich bringt, mit Freunden bei einem Tee zusammensitzen.

Die spannende Frage in diesen Tagen könnte sein: Was suche ich eigentlich? Und was tue ich dafür, um es zu finden?

finden

Weihnachten – das ist finden. Das ist ankommen. Das ist sein. Und das alles vollkommen unspektakulär. Ein junges Paar, ein kleines Kind, eine Krippe, ein Stall. Eine Situation, die sich tagtäglich tausendfach überall auf der Welt ereignet. Und wenn sich nicht ein Engel erbarmt hätte, den Hirten die frohe Nachricht zu sagen, wer weiß, ob dann überhaupt jemand an der Krippe aufgetaucht wäre. Die Einwohner von Betlehem jedenfalls haben das Ereignis erst einmal verschlafen.

Da kommt ein Stück Himmel zur Welt – und die Menschen merken es noch nicht einmal. Sie gehen ihren Geschäften nach, haken ihre »Zu-erledigen-Listen« ab. Klar: Wer nicht sucht, kann auch nicht finden.

Weihnachten – das ist aber zugleich die ganz andere Botschaft. Nicht ich finde, sondern ich werde gefunden. Gott selbst sucht mich. Und deshalb wird er Mensch, wird er Kind, um in mein Leben hineinzupassen. Eigentlich muss ich gar nichts tun, nicht warten, suchen, lauschen … Er ist schon längst da. Ich muss gar nicht finden, sondern darf mich einfach finden lassen. Das ist Weihnachten.

Gott kommt. Zu mir. In meinen Stall. Und er findet mich.

sein

Auf einen Brückenpfeiler in der Nähe von Trier hat ein Unbekannter den Satz gesprüht: »Du bist, was du tust.« Im Vorbeifahren las ich ihn – und ärgerte mich. In den letzten Wochen und Monaten hatte ich zu viel Menschen getroffen, die genau daran krank geworden waren, dass sie meinten, nur dann etwas zu sein, wenn sie etwas tun. Und was ist dann mit all den Menschen, die nichts tun können? Sind die dann nichts?

Ich bin – und dieses Sein hat mir Gott geschenkt, als er mich ins Leben rief. Das allein macht schon meinen Wert aus, macht mich und mein Leben kostbar. Bei Gott werde ich nicht durch das definiert, was ich leiste, mache und tue. Ich bin – und das reicht. Und es geht darum, sich dessen bewusst zu werden.

Was ich bin, wer ich bin, wie ich bin, kann sich im Handeln ausdrücken, als ein Ausdruck einer inneren Haltung. Es geht eben nicht um einen Aktivismus oder darum, etwas zu tun, damit etwas getan ist oder ich irgendwas vorweisen kann. Nicht mein Tun bestimmt und definiert mich. Ich bin nicht erst dann jemand, wenn ich was tue.

Und deshalb möchte ich den Satz gerne umdrehen: »Was ich bin, das tue ich.« Denn so wie bin, werde ich auch handeln. Dann ist mein Tun von meinem Sein getragen – der Scheck ist sozusagen gedeckt. Und wenn ich etwas tue, was ich eigentlich nicht »bin«, dann passt es nicht, dann wird es unstimmig und falsch.

So wollen auch die Beiträge in diesem Buch verstanden werden – es geht nicht darum, noch mehr und anderes zu tun. Es geht darum zu sein. Die »Tu-Wörter« wollen nur Vorschläge sein, wie man dieses »Sein« im »Tun« zum Ausdruck bringen kann. Was davon für Sie stimmt, müssen Sie entscheiden. Und manches, was gestern »getaugt« hat, mag heute nicht mehr passen – und morgen kann wieder anderes wichtig sein. So ist das Leben.

Das Buch endet hier – aber Sie können es weiterschreiben. Mit Ihren ganz persönlichen Antworten auf die Einladung zum Leben und zum Sein.

Denn: Um Antwort wird gebeten.

Um *Ihre* Antwort.

Zur Autorin

Andrea Schwarz, geboren 1955, ausgebildete Industriekauffrau und Sozialpädagogin, ist seit vielen Jahren in der katholischen Gemeindearbeit tätig. Die pastorale Mitarbeiterin der Diözese Osnabrück lebt im Emsland und ist als gefragte Referentin und Bibliolog-Trainerin im ganzen deutschen Sprachraum unterwegs. Andrea Schwarz gehört zu den meistgelesenen christlichen Schriftstellern unserer Zeit.

Hinweise zum Buch

Die Texte dieses Jahresbegleitbuches gehen zurück auf Beiträge, die 2015/2016 im »Katholischen Sonntagsblatt«, der
Kirchenzeitung für die Diözese Rottenburg-Stuttgart, erst-
mals veröffentlicht wurden. Sie wurden für dieses Buch er-
gänzt und bearbeitet.

Die Texte dieses Buches begleiten Sie über die 12 Monate
beziehungsweise die 52 Wochen des Jahres.

Allerdings wechselt der Zeitpunkt des Osterfestes von
Jahr zu Jahr, weil der Ostertermin kein festes Kalenderda-
tum hat, sondern immer auf den Sonntag nach dem ersten
Vollmond nach Frühlingsbeginn fällt. Der frühestmögliche
Zeitpunkt dafür ist der 22. März, der späteste der 25. April.

Die Abfolge der vorliegenden Texte ist auf das Jahr 2017
ausgelegt: In 2017 ist der vierte Sonntag im Februar der
Fastnachtssonntag (S. 24), der erste Sonntag im März der
erste Fastensonntag (S. 27) und der dritte Sonntag im April
der Ostersonntag (S. 35). Für die Nutzung des Buches in
den darauffolgenden Jahren verwenden Sie daher bitte die
Texte ab S. 27 für die Fastenzeit bis Ostern, von S. 35 bis 47
für die Zeit von Ostern bis Pfingsten. Gegebenenfalls ziehen
Sie Texte eines späteren Monats vor und steigen dann zu
gegebenem Zeitpunkt wieder in den Monatsablauf ein.

Andrea Schwarz bei Patmos

ANDREA SCHWARZ

Gott lässt grüßen

52 Entdeckungen

96 Seiten | Hardcover
mit Abb. und Leseband
ISBN 978-3-8436-0709-4 (Print)
ISBN 978-3-8436-0710-0 (eBook)

Teebecher, Bilderrahmen, Prospekte – Andrea Schwarz zeigt anhand von zahlreichen Alltagsgegenständen, wie Spiritualität mitten im Alltag gelebt werden kann. Ihre kurzen Impulstexte sensibilisieren für die kleinen und großen Momente des Alltags, eröffnen neue Sichtweisen und ermutigen zu eigenen Schritten – unaufgeregt und doch befreiend.

Die 52 Meditationen berichten von Momenten, in denen Gott uns einen kleinen Gruß dalässt, und öffnen so die Augen für die Tiefenschichten des Alltags.

Ein idealer Begleiter durch das Jahr!